Pom, la tomate verte

et

Les citrons couleur soleil

Comédies
à jouer par les enfants
à partir de 5 ans

Geneviève Steinling

Pom, la tomate verte

et

Les citrons couleur soleil

THÉÂTRE
à jouer par les enfants

Édition : BoD · Books on Demand, 31 avenue Saint-Rémy, 57600 Forbach, bod@bod.fr
Impression : Libri Plureos GmbH, Friedensallee 273, 22763 Hamburg (Allemagne)

ISBN : 978-2-3225-7369-1
Dépôt légal : mars 2025

Pour Robin,
mon petit-fils.

POM, la tomate verte

Pom *(cape interchangeable verte et rouge)*
Coco le cornichon *(cape interchangeable verte et rouge)*
Lucien le jardinier
L'arbre *(cape grise)*
La salade
L'escargot
La tomate rouge *(cape interchangeable verte et rouge)*

1 seul décor :
1 potager
Accessoires :
1 arrosoir – éventuellement un parapluie vert
1 bouteille de limonade *(ou autre boisson gazeuse)*
3 capes interchangeables couleur verte et rouge
1 cape grise

Note de l'autrice :
Pour permettre à une classe entière de participer, il est facile de redistribuer les rôles à chaque nouvelle scène.

Je vous souhaite une belle représentation.
G.S.

Cette pièce fait partie du répertoire de la Société des Auteurs et Compositeurs Dramatiques (S.A.C.D.)
11, rue Ballu 75442 Paris Cedex 09
Elle ne peut être jouée sans son autorisation.

<u>Pour en faire la demande :</u> Tél 01 40 23 44 44
OU sur leur site : https://www.sacd.fr/
https://www.sacd.fr/compagnie-amateur-demander-une-autorisation

<u>Pour joindre l'auteure :</u>
genevieve.steinling@gmail.com
Site : https://genevieve-steinling.com/

Scène 1

Au milieu de la scène : un arbre.
Côté cour, une tomate verte se cache sous une de ses feuilles (qui peut être un parapluie vert).
Côté jardin une tomate rouge se prélasse.
Une salade entre en courant plusieurs fois sur la scène et nargue un escargot qui la suit très lentement.

LA SALADE *(se retournant)*
Escargot nigaud, escargot pataud, escargot lourdaud, tu n'arriveras pas à me rattraper.

L'ESCARGOT
Bien sûr que si, mademoiselle la salade, je te rattraperai, ma cousine me l'a affirmé.

LA SALADE
Ta cousine ?

L'ESCARGOT
Ma cousine la tortue. Elle dit que : « rien ne sert de courir, il faut partir à point. »

LA SALADE
Et alors ?

L'ESCARGOT
Et alors, quand tu seras fatiguée d'avoir couru, tu te reposeras, tu t'endormiras et je te dépasserai.

Un cornichon entre. Il s'adresse au public.

COCO

Je suis Coco…Coco le cornichon.

Lucien le jardinier entre en chantant, un arrosoir d'une main et de l'autre une bouteille de « limonade ».

LUCIEN - chanson

Boire un petit coup ça fait du bien
Boire un petit coup, Lucien
Mais tu ne dois pas rouler sur une tomate
Sans quoi tu finiras dans les patates.

COCO

Qu'est-ce qui lui arrive ?

L'ARBRE

Il vient de manger du riz.
Tu ne connais pas l'histoire ?

COCO

Non.

L'ARBRE

Le mois dernier, quand Lucien a mangé du riz, il a manqué de s'étouffer et vite, il a bu de la limonade. Le grain de riz est entré dans une bulle et la bulle a nagé jusqu'à son ventre. Lucien était sauvé. Depuis, à chaque fois qu'il mange du riz, il boit de la limonade… Après, il chante.

Lucien aperçoit la tomate rouge qui se prélasse.
Il s'approche et l'arrose.

TOMATE ROUGE
Ah que ça fait du bien !

COCO
Et moi ! Et moi !

LUCIEN *(lui verse quelques gouttes)*
Mon arrosoir est vide… Vide comme ma
bouteille de limonade. *(il sort en chantant)*

COCO
Je passe toujours en dernier et encore une
fois, je n'ai eu droit qu'à une goutte, une toute
petite goutte, toute petite, petite, petite… Et
j'ai soif.

POM
Il me reste quelques gouttes sur ma feuille.
Approche, jet te les offre.

COCO
Je ne t'ai jamais vue ici.

POM
Je viens d'emménager. On m'appelle Pom.

COCO

Tu es une pomme ou une tomate ?

POM

Je suis une tomate.

COCO

Pourquoi n'es-tu pas avec les autres tomates là-bas, près des haricots ?

POM

Elles ne veulent pas de moi parce que je ne suis pas comme elles.

COCO

Maintenant que tu le dis, je te trouve bizarre. Tu as quelque chose de… de différent *(il inspecte Pom puis il met le doigt sur la joue de Pom)* Ici… Là…

POM

Quoi ?

COCO

Tu as un grain de beauté. Ici.

POM

Mais tu n'y es pas du tout. Je suis verte.

COCO

Moi aussi, je suis vert et j'en suis fier.

L'ARBRE

Tu es un cornichon vert et tu ressembles à tous les cornichons qui sont verts comme toi. Pom devrait être rouge comme les autres tomates mais elle reste verte.

POM

Il a raison et si je reste verte c'est parce que ma peau est trop fragile. L'eau du robinet est calcaire et l'eau de pluie est polluée. Ma peau ne supporte que l'eau de la rosée. Je me cache sous ma feuille quand apparait Lucien avec son arrosoir.

L'ARBRE

Et comme elle n'est pas assez arrosée, elle reste verte. T'as compris, le cornichon ?

COCO

J'avais compris, je ne suis pas idiot. *(air pas convaincu de l'arbre)*
(à Pom) Tu ne devrais pas être triste, ta couleur te rend unique, C'est ça qui est magique. Viens ! Il fait meilleur ici.
Pom le rejoint et ils s'assoient au pied de l'arbre.

****

Scène 2

Pom est assise dos contre le tronc de l'arbre.

LA TOMATE ROUGE
Tomate rouge la plus belle
Tomate verte à la poubelle

POM
Tais-toi !

LA TOMATE ROUGE - Chanson
Pom se cache sous son parapluie Pi Pi Pi
Elle n'est pas très jolie Li Li Li
C'est pas elle qui sera choisie Zi zi zi

POM
Stop ! Arrête !

LA TOMATE ROUGE
Avez-vous déjà vu une tomate aussi mal fichue… si affreuse… tu es aussi moche qu'une salade.

LA SALADE
Comment ça ? Une salade, c'est moche ! Tu t'es vue ! Tu ressembles à une patate qui aurait la rougeole.

LA TOMATE ROUGE
Moi ? Une patate ?

L'ARBRE

Stop ! Toi, tu es une salade et tu ressembles à une salade et toi, tu es une tomate et tu ressembles à une tomate. Compris ?

LA TOMATE ROUGE

Et je suis une tomate rouge. Pas comme elle.
Tomate rouge la plus belle
Tomate verte à la poubelle.

POM *(très en colère)*

Je suis verte mais je suis belle.
Tu m'entends, je suis belle et je ne mérite pas d'aller à la poubelle. *(sa cape verte se retourne)*

COCO

Ca alors ! Tu es devenue rouge !

L'ARBRE

Elle est devenue rouge parce qu'elle est très très très très en colère.

POM *(sautant de joie)*

Je suis une vraie tomate ! Je suis heureuse, heureuse, heureuse.

****

Scène 3

En fond de scène, l'escargot avance en essayant de rattraper la salade qui le nargue.
Lucien entre avec son arrosoir et une bouteille de limonade.

LUCIEN - Chanson
Boire un petit coup ça fait du bien
Boire un petit coup, Lucien
Mais tu ne dois pas rouler sur une tomate.
(un temps, puis) À propos de tomate… Où es-tu ? *(à Tomate rouge)* Ah te voilà… Hum, il te manque un peu de couleur, je te cueillerai demain.

L'ARBRE
Cache-toi derrière mon tronc, Pom ! Vite !

Elle se cache tandis que le cornichon reste visible.

LA TOMATE ROUGE
(à Lucien) Derrière l'arbre, il y a une tomate toute rouge et bonne à cueillir.

LUCIEN
Une tomate bonne à cueillir, dis-tu ?
Lucien l'aperçoit et s'approche. Pom recule, tremble, sa cape rouge se retourne pour devenir verte.

Mais je rêve ! Il y a deux secondes elle était rouge et voilà qu'elle est verte, aussi verte qu'une salade.

LA SALADE

Qu'est-ce que il a contre les salades ?
Elle arrête de courir.

L'ESCARGOT

C'est ça, arrête-toi un peu, comme ça je vais pouvoir te rattraper.

LA SALADE

Jamais de la vie ! Jamais ! Tu ne me rattraperas jamais ! *(et le jeu continue entre la salade et l'escargot)*

LUCIEN

Nom d'une botte de radis ! Rouge puis verte ! Mes yeux me jouent des tours. J'ai dû avaler un grain de riz périmé. Je dois me reposer et attendre que ça passe... Allez, une petite sieste et tout rentrera dans l'ordre à mon réveil.

Il s'endort.

****

Scène 4

COCO
Tu l'as échappé belle. Mais c'est incroyable, tu es redevenue verte.

POM
J'ai eu si peur.

L'ARBRE
C'est ce qu'on appelle devenir « verte de peur ».

COCO
Verte de peur ?

L'ARBRE
Tu ne connais pas grand-chose, le cornichon. Elle a eu si peur qu'elle est devenue verte !
« Rouge de colère » puis « verte de peur » ! Il faut tout te dire.

COCO
Arrête de te prendre pour mon professeur !

POM
Maintenant que je suis redevenue verte, je continuerai à me cacher sous mes feuilles. Lucien ne me cueillera pas et surtout je ne me mettrai plus en colère.

L'ARBRE

Pom, tu es intelligente, pas comme ce cornichon.

COCO

Tiens ! *(il lui marche sur le pied)* Voilà pour toi !

L'ARBRE

Non mais dis, minus, il ne faut pas te gêner.

COCO

Minus ? Tu as bien dit « minus ».

L'ARBRE

Oui. Regarde-toi, tu es tout petit. Plus petit que le plus petit des petits. Un tout petit minus. Et ton intelligence est toute petite.

COCO

Ah parce que, toi, tu es intelligent peut-être ?

L'ARBRE

Évidemment et en plus je suis beau et puissant. Et je ne ressemble pas à un saucisson vert, moi !

COCO *(très en colère)*
Un saucisson ! Je ressemble à un saucisson ! *Brusquement il devient rouge.*

L'ARBRE *(se moquant)*
Tu es devenu rouge de colère. Trop drôle !
Un cornichon rouge ! *(il rit)*

COCO
(étonné) Oh mais c'est vrai, je suis rouge ! Je
suis un cornichon rouge !

Lucien se réveille.
Coco se cache derrière l'arbre avec Pom.

LUCIEN
Cette sieste m'a fait un bien fou. Puisque je
n'ai pas de tomate, je vais cueillir le cornichon
(il l'aperçoit) Nom d'une betterave ! D'abord
une tomate rouge qui fait marche arrière et
redevient verte et maintenant un cornichon
rouge !
Soudain, l'arbre devient gris.
Lucien l'aperçoit, un temps de stupeur.
Mon potager a subi le sort d'une sorcière. Je
dois partir d'ici sinon je risque d'être
transformé en salade.

LA SALADE
Qu'est-ce qu'il a contre les salades ? Pourtant
ce n'est pas moi qui aie changé de couleur,
hein.

L'ESCARGOT

Non mais je t'ai rattrapé !
La salade se sauve suivie de l'escargot.

POM

Tu es un cornichon pas comme les autres.

COCO *(retrouve sa couleur verte)*

Peut-être pas pour longtemps car je sens que ma colère diminue. Oh regarde ! L'arbre.

POM

Ça alors ?

L'ARBRE

Quoi ?

COCO

Tu es gris. Ton feuillage est gris, tout gris. Un arbre gris *(à son tour, il se moque)*

L'ARBRE

Gris ? Mais oui, je suis un arbre gris.

POM

Pourquoi as-tu changé de couleur ?

L'ARBRE

Je m'ennuie tellement tout seul dans mon coin que je suis devenu gris. *(il est prêt à pleurer)*

POM
J'ai une idée. Nous sommes tous différents toi pas comme moi, moi pas comme toi mais si nous acceptons nos différences, nous pourrons devenir des amis. Est-ce que vous êtes d'accord ?

L'ARBRE
Excellente idée ! *(il se défait de sa cape grise)*

COCO
D'accord mais tu ne me traites plus de minus.

L'ARBRE
Okay. Tope-là !

LA SALADE
Moi aussi, je veux être amie avec vous.

L'ESCARGOT
Et moi aussi. À condition que la salade arrête de me poursuivre.

LA SALADE
Je te le promets. Tope-là !

LA TOMATE ROUGE
Je suis à nouveau rouge et pardon, Pom, je ne dirais plus que tu dois finir à la poubelle. Même si tu es verte, tu es aussi jolie que moi.

POM *(elle s'approche et lui donne la main)*
Le rouge et le vert sont deux couleurs qui
vont bien ensemble ! Amie amie ! Viens !
Tous forment une ronde.

Chanson ou récitation
Il faut de tout pour faire un monde
Des gens un peu bizarres
Qui se prennent pour des stars
Et qui font la grimace
Plantés devant leur glace
Il faut de tout pour faire un monde
Des costauds bien dodus
Avec des jambes poilues
Des petits riquiquis
Qui n'ont jamais grandi
Il faut de tout pour faire un monde
Des rigolos, des curieux
Avec d'la joie dans les yeux
Et ceux qu'on appelle « rêveurs »
Qui recherchent le bonheur
Il faut de tout pour faire un monde
Toutes catégories de gens
Qui sont bien sûr différents
Entrez avec nous dans la danse
Et célébrons tous la tolérance.

RIDEAU

Les citrons couleur soleil

Le marchand de légumes
L'enfant 1
L'enfant 2
L'enfant 3
L'enfant 4
Le tournesol
Le chat *(blanc)*
Le soleil
Le nuage *(comédien ou voix off)*
Les gouttes de pluie 1, 2, 3, 4
L'arc en ciel
La lune
Les étoiles 1, 2, 3, 4
La chauve-souris

Décors :
Un potager.
Prévoir un éclairage de jour et un de nuit.

Note de l'autrice :
La pièce peut être jouée par une classe entière. Les rôles sont modulables. Il est facile de réduire ou d'augmenter le nombre de gouttes de pluie et d'étoiles.

Je vous souhaite une belle représentation.
G.S.

Scène 1

Côté cour, les enfants 2, 3 et 4 jouent au ballon.
Côté scène, un marchand de légumes entre en poussant
un étalage ambulant.

LE MARCHAND DE LEGUMES

Qui veut mes citrons jaunes ? Aussi jaunes que le soleil. Dégustez un morceau de soleil et vous serez heureux.

Un enfant entre, s'approche du marchand de légumes.

VOIX OFF : Déguster - soleil - heureux.

ENFANT 1

Déguster. Déguster. Dé-gu-ster. Qu'est-ce que ça veut dire « déguster » ?

LE MARCHAND DE LEGUMES

Ça veut dire manger. Mais pas n'importe comment ! Ça veut dire savourer.

ENFANT 1

Et qu'est-ce que ça veut dire « savourer » ?

LE MARCHAND DE LEGUMES

Ça veut dire manger doucement... len-te-ment... sans se presser... prendre le temps de se dire que c'est bon.

ENFANT 1
Savourer… Manger doucement… Déguster.

LE MARCHAND DE LEGUMES
(En poussant son étalage, il sort)
Qui veut mes citrons jaunes ? Aussi jaunes
que le soleil. Dégustez un morceau de soleil et
vous serez heureux.

L'enfant 1 rejoint ses camarades.

ENFANT 1
Est-ce que vous êtes heureux ?
Les enfants continuent à jouer.
Je vous demande : est-ce que vous êtes
heureux ?

ENFANT 2
Qu'est-ce que ça veut dire « être heureux » ?

ENFANT 3
Ça veut dire avoir tout ce que tu veux. Moi, je
rêve d'avoir un tapis volant qui me fasse
voyager à l'autre bout du monde.

ENFANT 4
Ça veut dire aussi devenir celui que l'on
souhaite être. Moi, je voudrais être un super
héros et avoir des lunettes qui me
permettraient de voir à travers les murs.

ENFANT 2

Et moi, j'aimerais que mes chaussures se transforment en bottes qui marcheraient n'importe où, même sur l'eau.

ENFANT 1

Tout cela est impossible à avoir.

ENFANT 2

Donc nous ne sommes pas heureux.

ENFANT 1

C'est impossible à avoir mais juste pour le moment parce que je sais comment obtenir ce que nous voulons. Il suffit de déguster un morceau de soleil.

ENFANTS 2, 3 et 4 *(étonnés)*
Déguster ?

ENFANT 1 *(en prenant un air supérieur)*
Ça veut dire manger lentement.

ENFANT 3

Je veux être heureux mais le soleil est dans le ciel. C'est impossible de l'atteindre.

ENFANT 4

Et il est très chaud. Il risque de nous brûler la gorge.

ENFANT 1

Nous n'en prendrons qu'un petit bout et nous le laisserons refroidir avant de le déguster.

ENFANT 2

Et nous serons heureux ?

ENFANT 1

Oui, c'est ce que le marchand de légumes a dit. Allez ! Suivez-moi ! En route vers le soleil !
Les enfants font des va-et-vient. Un tournesol entre.

ENFANT 3

S'il vous plait, monsieur le tournesol, de quel côté est le soleil ?

LE TOURNESOL *(hautain et prétentieux)*
Par là, évidemment ! Du côté de mon visage. Le soleil me donne sa lumière et fait de moi le roi du potager. Ne suis-je pas beau ?

ENFANT 4

Oh si ! Vous êtes très beau.
Les trois autres enfants dodelinent de la tête et tous prennent la direction indiquée.

****

Scène 2

Sur scène, un chat. Le soleil se cache derrière le nuage.
Les enfants entrent.

ENFANT 3

Bonjour monsieur le chat. Nous sommes à la recherche du soleil.

LE CHAT

Miaou. Le soleil aime jouer à cache-cache. Il est là. Derrière le nuage.

ENFANT 2 *(lève la main, essaie de l'attraper)*
Je suis trop petit !

Il touche le nuage.

LE NUAGE

Mais qu'est-ce que tu fais ? Mes gouttes de pluie vont s'échapper.

Une goutte de pluie, sort de derrière le nuage.
GOUTTE DE PLUIE 1
Enfin je peux respirer !

LE NUAGE
Une goutte en moins.

ENFANT 3 *(essaye d'attraper le soleil)*
Moi aussi je suis trop petit !

Il touche le nuage et une deuxième goutte de pluie arrive.
GOUTTE DE PLUIE 2
Je commençais à étouffer !

Les deux gouttes de pluie s'embrassent.

LE NUAGE
Et une autre goutte en moins.

ENFANT 4 *(essaie d'attraper le nuage)*
Moi aussi je suis trop petit !

Il touche le nuage et une troisième goutte de pluie arrive.
GOUTTE DE PLUIE 3
Coucou les filles !
Les trois gouttes de pluie s'embrassent.

LE NUAGE
Je suis en train de maigrir.

LE CHAT
J'ai trop mangé, je me sens lourd et mes yeux commencent à se fermer. Courage, les enfants, mais ce sera sans moi.
Il va dans un petit coin et s'endort.

ENFANT 1

Laissez-moi faire *(essaie d'attraper le nuage)*
Je suis trop petit !

Une quatrième goutte de pluie apparaît.
GOUTTE DE PLUIE 4

Quel bonheur ! Libre ! Je suis libre !

LE NUAGE

Arrêtez ! Au secours ! Si vous continuez, je deviendrai invisible.

GOUTTE DE PLUIE 1

(aux enfants) Je vous ai entendus, votre rêve est de décrocher le soleil et d'en manger un bout. C'est bien cela ?
Les enfants dodelinent de la tête.
Les gouttes dansent et chantent.
Les enfants réagissent avec des expressions.

LES GOUTTES DE PLUIE

On a tous un rêve fou
Un rêve à dormir debout
Un rêve qu'on n'ose pas dire
Parce qu'on sait qu'il ferait rire
Un rêve bien caché
Qu'on veut garder secret
Tout au fond de son cœur
Comme un petit bonheur

LE TOURNESOL
On a tous un rêve fou
Un rêve à dormir debout
Un rêve qu'on n'ose pas dire
Parce qu'on sait qu'il ferait rire

Un arc-en- ciel entre en chantant
L'ARC-EN-CIEL
Un rêve bien caché
Qu'on veut garder secret
Tout au fond de son cœur
Comme un petit bonheur

ENFANT 4
Un arc-en-ciel ! Grimpons dessus et nous atteindrons le soleil.

L'ARC-EN-CIEL
Alors ça non ! Ne comptez pas sur moi !
De toute façon, je ne faisais que passer, c'est l'heure de prendre ma douche pour raviver mes couleurs. Demandez donc au vent. Son souffle vous conduira vers le soleil. *(il sort)*

ENFANT 3
Il n'y a pas de vent. Il n'y a plus de vent.

ENFANT 2
Il est en vacances à l'autre bout de la Terre.

ENFANT 1

Ou bien il a entendu mon secret et il est parti
lui-aussi à la recherche du soleil.

ENFANT 4

Nous devons absolument atteindre le soleil
avant lui.

La lumière devient sombre et cache le soleil.

ENFANT 3

Mais… Il fait nuit. Le soleil a disparu.

****

Scène 3

La lune entre, s'assied, ajuste ses lunettes, et tricote.
Les enfants encerclent la lune.

LA LUNE *(énervée)*
Vous ne voyez pas que vous me gênez. Je suis
en train de tricoter.

ENFANT 2
Vous tricotez ?

LA LUNE
Oui, je viens de vous le dire.

Les quatre enfants s'interrogent.

LA LUNE
Je tricote pour les étoiles. Les étoiles du grand
nord. Je leur confectionne des bonnets.

ENFANT 3
Des bonnets ?

LA LUNE
Oui. Des bonnets. Avec du fil de lune.

LES QUATRE ENFANTS *(étonnés)*
Du fil de lune !

LA LUNE

Il fait froid au pôle nord et si les étoiles tombent malades, savez-vous ce qui arrive ?

LES QUATRE ENFANTS *(très intéressés)*
Non.

LA LUNE

Réfléchissez ! Quand vous êtes malades avec de la fièvre, de quelle couleur deviennent vos visages ?

ENFANT 4
Rouges.

LA LUNE

Ça c'est quand tu as la rougeole. Mais quand tu as la grippe, que tu es couché dans ton lit sans aucune force, ton visage devient tout pâle. Pour les étoiles, c'est pareil.

ENFANT 4
Et elles ne brillent plus.

LA LUNE

C'est cela. Si bien que je dois éclairer le monde deux fois plus. Et ça me fatigue beaucoup… beaucoup. Je n'ai plus vingt ans, moi !

ENFANT 1 *(en baillant)*
Je n'ai pas encore vingt ans, moi, mais j'ai sommeil !

Les enfants s'endorment.
La lune continue de tricoter.
Quatre étoiles arrivent en se donnant la main. Elles portent toutes un bonnet sur la tête.

ÉTOILE 1
À quoi allons-nous jouer ce soir ?

ÉTOILE 2
J'ai envie de chanter.

ÉTOILE 3
Donnons-nous la main.

ÉTOILE 4
Improvisons une petite chanson.

LES QUATRE ÉTOILES
Chanson
Refrain
Attrape, attrape-nous
Vole vole avec nous
Tourne tourne comme nous
Et chante avec nous

(en se penchant sur les enfants qui dorment)
Dors et fais un vœu
Chuchote-le un peu
P'être qu'il viendra à toi
Si vraiment, tu y crois

Refrain
Attrape, attrape-nous
Vole vole avec nous
Tourne tourne comme nous
Et chante avec nous

Une chauve-souris entre.

LA CHAUVE-SOURIS
Hou-hou-hou, dans la nuit,
Je zigzague sans un bruit
Je vole puis je m'enfuis
C'est moi la chauve-souris

LES QUATRE ÉTOILES
Attrape, attrape-nous
Vole vole avec nous
Tourne tourne comme nous
Et chante avec nous

Puis la lune, les étoiles et la chauve-souris sortent.

****

Scène 4

Le soleil apparaît et réveille les enfants.

LES QUATRE ENFANTS
Le soleil est revenu !

Ils s'acharnent sur le soleil.

LE SOLEIL
Mais laissez-moi tranquille. Qu'est-ce que vous me voulez ?

LES QUATRE ENFANTS
Nous voulons te décrocher.

LE SOLEIL
Vous perdez votre temps, personne n'a jamais réussi à me décrocher. Pas même les mamans ou les papas qui sont plus forts que vous.
Après plusieurs essais, le soleil ne résiste plus, les enfants sautent de joie.
Ils attachent une corde à la taille du soleil et le tirent jusqu'à une table dressée.
Mais… mais… mais…. Ne me dites pas que vous avez l'intention de me manger !

ENFANT 1
Non. Nous allons te déguster.

LE SOLEIL
Me déguster ! C'est pareil !

ENFANT 1
Nous allons te manger lentement… très très len-te-ment.

ENFANT 2
Et nous serons heureux.

ENFANT 3
Je pourrai voyager sur un tapis volant et découvrir le monde.

ENFANT 2
Et tu seras heureux.

ENFANT 4
Je deviendrai un super héros et j'aurai des lunettes qui me permettront de voir à travers les murs.

ENFANT 2
Et tu seras heureux.
Et mes chaussures se transformeront en bottes et marcheront n'importe où, même sur l'eau.

ENFANT 3
Et tu seras heureux.

LE SOLEIL (*en colère*)
Et mon bonheur à moi ! Vous y pensez ?
Je suis heureux quand je mets de la lumière
partout et que je vois les enfants heureux. Si
je disparais, fini les jeux en plein air, les
parties de foot et les cordes à sauter. Les
enfants deviendront malheureux.

ENFANT 1 (*en faisant le petit malin*)
Ce n'est pas un problème. Nous jouerons à
l'intérieur.

LE SOLEIL
Toute la journée vous serez obligés de rester
devant la télé.

ENFANT 1 (*en faisant son petit malin*)
Pas de problème. J'adore regarder la télé.

ENFANT 2
Moi aussi.

ENFANT 3
Moi aussi.

ENFANT 4
Moi aussi.

LA LUNE *(entrant à grand fracas)*
Et ça vous arrive de pensez à moi de temps en temps ? Si mon collègue le soleil disparaît, qui le remplacera ? Hors de question que ce soit moi.

Les étoiles arrivent avec grand bruit.

LES QUATRE ÉTOILES
Non ! Non ! Non ! Non ! Pas nous !

ÉTOILE 1
Nous ne voulons pas travailler deux fois plus.

ÉTOILE 2
Pas d'accord !

ÉTOILE 3
Hors de question de faire des heures supplémentaires !

ÉTOILE 4 *(à la manière d'un robot)*
Ce n'est pas envisageable

La chauve-souris entre toute affolée.

LA CHAUVE-SOURIS
S'il fait toujours nuit quand est-ce que je pourrai dormir ?

Les gouttes de pluie entrent l'une après l'autre.

GOUTTE DE PLUIE 1
Si le soleil disparait, qui nous réchauffera ?

GOUTTE DE PLUIE 2
Je ne veux pas éternuer, j'ai horreur d'être enrhumée.

GOUTTE DE PLUIE 3
Je n'ai pas envie d'être malade.

GOUTTE DE PLUIE 4
Nous avons besoin du soleil.

L'arc-en-ciel entre.

L'ARC-EN-CIEL *(affolé)*
Qui me donnera des couleurs ? Sans mon ami le soleil, je ressemblerai à un pont gris, tout gris, sans couleur ! Quel malheur !

Le tournesol entre.

LE TOURNESOL *(affolé)*
Et mon teint ! Mon joli teint !
(s'adressant à l'arc-en-ciel) Vous avez bien raison ! Quel malheur !

Tous se mettent à pleurer sauf les enfants.

La lumière n'éclaire presque plus le soleil.

ENFANT 1

Bon ! Ça va ! Ça va ! Nous allons voter mais tout le monde doit être d'accord. Il nous faut la majorité absolue. Okay ?

TOUS

Okay.

ENFANT 1

Ceux qui sont POUR que le soleil retourne dans le ciel, tapez une fois dans les mains. Ceux qui sont CONTRE, tapez deux fois dans les mains.
Tous tapent une fois. Sauf l'enfant 1.
(au soleil) Désolé. Il manque un vote. Les conditions ne sont pas remplies. Je suis désolé, tu n'as pas le choix, tu vas devoir te laisser déguster.

LE CHAT *(se réveille)*

Miaou. Qu'est-ce que se passe ? Où est le soleil ? Je ronronnais tranquillement et voilà que tout d'un coup j'ai frissonné…. Et…
Et… J'ai fait un cauchemar épouvantable. J'ai rêvé que le soleil avait disparu et qu'il faisait nuit tout le temps. Et vous savez ce que l'on dit ?

TOUS ENSEMBLE
Non.

LE CHAT
Miaou. On dit que la nuit « tous les chats sont gris ». Je suis blanc et toutes les nuits je deviens gris mais quand le soleil apparaît, je redeviens blanc. S'il fait toujours nuit, je resterai gris. Tout le temps ! Vous vous rendez compte ! Vieillir en l'espace d'une nuit ! Pour la vie !

Les enfants se regardent en s'interrogeant.

LES QUATRE ENFANTS
Devenir vieux ! … En une nuit !...

ENFANT 3
Et si ça nous arrivait aussi ?

ENFANT 1
Mais non ! Nous ne sommes pas des chats.

ENFANT 4
Nous sommes des enfants.

ENFANT 2
Et moi, je veux rester un enfant. Tant pis si mes chaussures ne se transforment pas en bottes magiques.

ENFANT 3

Les tapis volants n'existent pas.

ENFANT 1

Sauf dans les livres et les dessins animés.

ENFANT 3

Je n'en ai pas besoin, d'ailleurs je risquerais de me perdre et de ne plus revenir.

ENFANT 4

Je ne serai jamais un super héros mais je serai quelqu'un d'important parce ce que, plus tard, j'inventerai des lunettes qui permettront de voir à travers les murs.

ENFANT 1

Je ne vous l'ai pas dit, j'ai toujours cru que je deviendrais le plus heureux des enfants si je devenais invisible mais si j'étais invisible, vous ne me verriez plus et je ne pourrais plus jouer avec vous. J'ai changé d'avis, je veux rester visible. Allez ! Il est temps de remettre le soleil à sa place.

****

Scène 5

Le marchand de légumes entre.

LE MARCHAND DE LEGUMES

Qui veut mes citrons jaunes ? Aussi jaunes
que le soleil. Dégustez un morceau de soleil et
vous serez heureux.

ENFANT 3

Vos citrons ne ressemblent pas au soleil.

LE MARCHAND DE LEGUMES

Mais si ! Ils sont jaunes comme le soleil.

ENFANT 2

Ils sont jaunes comme des citrons jaunes.

ENFANT 4

Et ils n'ont rien à voir avec le soleil.

LE MARCHAND DE LEGUMES

Ma publicité est faite pour réchauffer les
cœurs parce que quand nous pensons au
soleil, il y a de la magie dans l'air. Il nous met
en joie et nous sommes heureux.

ENFANT 1

Vous avez raison mais vous devez changer
votre publicité.
Le marchand de légumes réfléchit un instant.

LE MARCHAND DE LEGUMES
Venez, venez, c'est l'heure des citrons,
Ils sont jaunes, ils sont bons,
Achetez, achetez, faut pas dire non !

ENFANT 3
Je déteste les citrons mais… *(le soleil l'éblouit)*
Le soleil brille, on dirait qu'il est heureux *(les enfants sourient et lui envoient des gestes d'affection)*

LE MARCHAND DE LEGUMES
Vous aussi, vous avez l'air heureux.

LE SOLEIL *(en s'approchant)*
Et si nous chantions tous la joie d'être heureux ?
Chanson
Quand vient la nuit, la lune tricote
Pour les p'tites étoiles qui chuchotent
Le chat dort, la chauve-souris vole
Et les citrons dansent la farandole
Sous les yeux amusés du tournesol
Bidibidiboum
Les enfants veulent rire et chanter
Manger un bout de soleil, être rassasiés
Bidibidiboum
Les enfants veulent rire et chanter
Mais le soleil, faut pas le déplacer
Dans le ciel, il doit rester. Bidibidiboum.
RIDEAU

Bibliographie :

Théâtre jeunesse :
- Au secours la Terre est malade *(dès 5 ans)*
- Au pays des enfants *(dès 5 ans)*
- Pom, la tomate verte *(dès 5 ans)*
- Les citrons couleur soleil *(dès 5 ans)*
- Par le petit bout de la lorgnette *(dès 7 ans)*
- Ado c'est mieux *(dès 7 ans)*
- La sorcière à moustache *(dès 7 ans)*
- Le secret de l'oiseau *(dès 6 ans)*

Théâtre adulte :
- Une inconnue dans la glace *(3 F - 1 H)*
- J'ai épousé ma liberté *(2 F - 2 H)*
- La vie qui file *(2 F - 2 H)*
- Nos actes manqués *(1 F min. 60 ans)*

Contes : *(dès 6 / 7 ans)*
- Malicia la sorcière au poil
- Hanayoko et le bonhomme Kamishibaï
- Un amour de vache
- La prairie enchantée et Trobelle la coccinelle
  née un 29 février
- Histoire d'en rire *(expressions populaires expliquées aux enfants)*

Littérature adulte :
- Hier il sera trop tard *(roman)*
- Frissons sur la toile *(roman)*
- Amours en cascade *(nouvelles)*
- La poupée qui chantait *et autres histoires fantastiques*